광명진언

범어 실담자 사경

광명진언
범어 실담자 사경

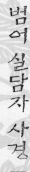

범어 실담자 사경 2

● 법현 지음

운주사

머리말

진언眞言은 '거룩하고 참된 말'이라는 뜻으로 산스크리트어 만트라mantra를 번역한 것이다. 주呪, 신주神呪라고도 번역한다. 진언을 다라니dharani라고도 하는데, 다라니는 '모든 선함을 기억하여 지니고, 모든 악함을 일어나지 않게 막는다'는 의미로 총지總持, 능지能持, 능차能遮라 번역하기도 한다.

불교에서 진언은 수행의 한 방편으로 매우 중요시하였는데, 진언을 반복해서 외우거나, 진언 자체를 관하는 명상을 하거나, 정성껏 받아쓰는 등의 수행을 통하여 물질적·정신적 장해들을 극복하며, 마음을 정화하고 지혜를 얻어 궁극에는 깨달음에 도달하게 된다고 보았다.

진언 수행의 가장 일반적인 형태는 이를 반복해서 외우는 것이다. 외우는 방법에는 입으로 외우는 방법과 이를 정성껏 받아쓰며 외우는 방법이 있다. 다만 진언 사경은 입으로 외우는 것보다 시간이 더 걸린다는 점이 다르다. 그만큼 사경은 입으로 외우는 것보다 정성과 노력을 더 필요로 하는 수행인 것이다.

범어 실담자란

범어梵語는 고대 인도의 언어인 산스크리트어를 지칭하는 한자어로, 범천이 만들었다고 하여 붙여진 이름이다. 혹은 브라만이 사용하는 말이라는 의미도 가지고 있다

실담悉曇은 범어를 표기하는 인도 고전 문자 중 하나로, 불교 경전과 함께 중국에 전해지면서 실담자라 불리게 되었다. 중국, 한국, 일본 등의 동아

시아에서 주로 의식, 진언(다라니) 등에 쓰이고 있으며, 당시의 원형 그대로 전해지고 있어서 그 의미가 크다.

또한 이렇게 실담자(범어)로 전해지는 진언(다라니)은 예로부터 오종불번 五種不飜, 즉 그 의미를 번역하지 않는 다섯 가지 중의 하나로 여겨 번역하지 않았다.

본서의 범어 실담자는 망월사본 『진언집』을 저본으로 하였으며, 띄어쓰기는 현재 독송, 유통되는 것들을 참조하였다.

실담자 쓰는 법에 익숙하지 않은 분들을 위하여 「범어 실담자 쓰는 방법」을 실었으니, 미리 연습한 후에 사경에 임한다면 훨씬 수월하게 할 수 있을 것이다.

사경이란

사경은 부처님의 말씀을 옮겨 쓰는 것으로, 기도 수행의 한 방법이다. 즉 사경은 몸과 마음을 정갈히 가다듬고 부처님 말씀을 한 자 한 자 정성껏 옮겨 쓰는 수행 과정을 통해 불보살님의 가피를 받아 신심과 원력이 증장하고 바라는 소원이 성취되며, 늘 기쁨이 충만한 삶을 살다가 목숨을 마치고는 극락왕생하는 데 그 목적이 있다.

사경의 의의

부처님의 말씀은 경전을 통하여 우리에게 전해지고 있다. 따라서 경전의 말씀은 단순한 글자가 아니라 부처님이 깨달으신 진리를 상징하고 있다. 진리 자체는 문자로 나타낼 수 없지만 문자를 떠나서도 진리를 전하기 어렵다. 그러므로 경전에 쓰인 문자는 부처님께서 중생들을 진리로 인도하시려는 자비심의 상징이기도 하다.

사경을 통하여 우리는 부처님의 말씀을 보다 차분하게 깊이 이해할 수 있을 뿐 아니라, 정성을 다하여 사경하는 행위 그 자체가 훌륭한 수행이 된다는 사실을 알아야 한다. 그래서 옛 수행자들은 자신의 피로 사경을 하기도 하고, 한 글자를 쓸 때마다 삼배의 예를 올리기도 하였던 것이다.

이와 같이 사경은 부처님 말씀을 이해하고 자신의 마음을 맑히는 훌륭한 수행이자, 스스로의 정성을 부처님께 공양 올리는 거룩한 불사佛事라고 할 수 있다.

진언 사경의 공덕

부처님께서는 『법화경』, 『반야경』 등 여러 경전에서 사경의 공덕이 매우 수승하다고 말씀하신다. 예컨대 사경의 공덕은 무수한 세월 동안 부처님께 재물을 보시한 공덕보다 뛰어나고 탑을 조성하는 공덕보다 수승하다는 것 등이다. 진언(다라니) 사경에는 다음과 같은 공덕이 있다.

1. 몸과 마음이 평안해지고 신심과 지혜가 증대된다.
2. 현세를 살아가며 마주치는 모든 재난을 이겨내고 삿된 기운을 물리친다.
3. 전생부터 지금까지 지은 모든 업장이 소멸된다.
4. 바라는 바를 원만하게 성취할 수 있다.
5. 부처님 가르침을 기억하여 잊지 않게 되고, 기억력이 좋아져 머리가 총명해진다.
6. 마음이 편안하고 안정되어 부처님 마음과 감응하여 삼매를 성취할 수 있다.
7. 모든 불자들이 바라는 깨달음을 빨리 얻을 수 있다.
8. 하는 일이 잘되며, 어려운 일이 해결된다.
9. 현실의 물질적, 정신적 어려움이 사라진다.
10. 맺힌 원결들이 풀어지고 주변에 좋은 인연들이 모여든다.

11. 불보살님이 항상 가피해 주신다.

12. 선망 조상들과 인연 있는 이들뿐 아니라 스스로도 극락왕생한다.

13. 늘 기쁘고 행복하며, 자비심이 생겨 만나는 이들에게도 행복을 전해 준다.

사경하는 순서

다음은 사경을 하는 일반적인 순서이다. 하지만 오로지 진실한 마음이 중요한 것이니, 크게 구애받지 말고 상황에 따라 적절히 실행하면 된다.

1. 몸과 마음을 정갈히 가다듬는다.

2. 사경할 준비를 하고 초를 켜거나 향을 피운다.

3. 3배를 올리고 사경 발원문을 봉독한다.

4. 개인적인 발원을 올린다.

5. 정성껏 사경을 한다.(1자1배, 1자3배를 하기도 한다)

6. 3배를 올리고 마친다.

＊사경을 처음 시작할 때 언제까지 몇 번을 쓰겠다고 불보살님께 약속하고 시작하는 것이 좋다. 도중에 나태해지거나 그만 두는 것을 예방할 수 있기 때문이다. 1,000번, 3,000번, 10,000번 등 자신의 신심에 따라 발원하면 된다.

사경 발원문

참 진리의 고향이시자 중생을 구원하시는 대자대비하신 부처님!

시작 없는 전생에서부터 오늘에 이르기까지 제가 지은 모든 죄업을 부처님 전에 참회하나이다.

제가 이제 몸과 말과 뜻으로 부처님께 지극한 마음으로 귀의하며 사경의식을 봉행하오니, 이 인연 공덕으로 살아 있는 모든 생명의 행복과 해탈을 축원하옵니다. 또한 저와 인연 있는 이들이 다생겁래로 지어온 모든 업장이 소멸되고 바라는 모든 발원이 원만히 성취되게 하시어 감사하고 행복한 삶을 살다가, 끝내는 깨달음의 문을 열게 해주소서. 또한 선망 조상님과 여러 인연 있는 영가들이 극락왕생하여 영원한 행복을 누리게 하소서!

개인 발원문 (각자 바라는 발원을 적고 읽는다.)

....

....

....

....

....

불기   년   월   일

사경 제자 _____ 공경 합장

범어 실담자 쓰는 법

쇠모서   진언집

한자음역: 阿아
로마자 표기: a
한글음: 아
글자의 의미: 本不生

쇠모서   진언집

한자음역: 阿引아인
로마자 표기: ā
한글음: 아
글자의 의미: 寂靜(虛空)

쇠모서   진언집

한자음역: 伊이
로마자 표기: i
한글음: 이
글자의 의미: 根

쇠모서   진언집

한자음역: 伊引
로마자 표기: ī
한글음: 이
글자의 의미: 災禍

쇠모서   진언집

한자음역: 塢오
로마자 표기: u
한글음: 우
글자의 의미: 譬喻

쇠모서   진언집

한자음역: 汚引
로마자 표기: ū
한글음: 우
글자의 의미: 損減

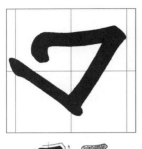

쇠모서　　진언집

한자음역: 暳에
로마자 표기: e
한글음: 에
글자의 의미: 求

쇠모서　　진언집

한자음역: 愛애
로마자 표기: ai
한글음: 아이
글자의 의미: 自在(自相)

쇠모서　　진언집

한자음역: 汚오
로마자 표기: o
한글음: 오
글자의 의미: 瀑流

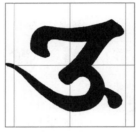

쇠모서　　진언집

한자음역: 奧
로마자 표기: au
한글음: 아우
글자의 의미: 化生(變化)

쇠모서　　진언집

한자음역: 闇암
로마자 표기: aṃ
한글음: 앙
글자의 의미: 邊際

쇠모서　　진언집

한자음역: 惡악
로마자 표기: aḥ
한글음: 아하
글자의 의미: 遠離

쇠모서　　진언집

한자음역: 哩리
로마자 표기: r̥
한글음: 리
글자의 의미: 神通

쇠모서　　진언집

한자음역: 哩리리인
로마자 표기: r̥̄
한글음: 리
글자의 의미: 類例

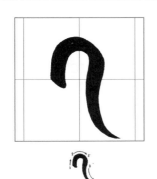

쇠모서　　　진언집

한자음역: 唎여
로마자 표기: ḷ
한글음: 리
글자의 의미: 染

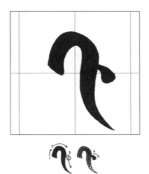

쇠모서　　　진언집

한자음역: 嚧로
로마자 표기: Ḹ
한글음: 리
글자의 의미: 沈沒

쇠모서　　　진언집

한자음역: 迦가
로마자 표기: ka
한글음: 까
글자의 의미: 離作業(作業)

쇠모서　　　진언집

한자음역: 佉거
로마자 표기: kha
한글음: 카
글자의 의미: 等虛空

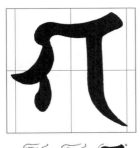

쇠모서　　　진언집

한자음역: 誐아
로마자 표기: ga
한글음: 가
글자의 의미: 行

쇠모서　　　진언집

한자음역: 伽가
로마자 표기: gha
한글음: 가
글자의 의미: 一合(一合相)

쇠모서　　　진언집

한자음역: 仰앙
로마자 표기: ṅa
한글음: 앙
글자의 의미: 支分

쇠모서　　　진언집

한자음역: 遮차
로마자 표기: ca
한글음: 짜
글자의 의미: 離一切遷變(遷變)

쇠모서　　진언집

한자음역: 礎차
로마자 표기: cha
한글음: 차
글자의 의미: 影像

쇠모서　　진언집

한자음역: 惹야
로마자 표기: ja
한글음: 자
글자의 의미: 生

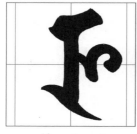

쇠모서　　진언집

한자음역: 鄭찬
로마자 표기: jha
한글음: 자
글자의 의미: 戰敵

쇠모서　　진언집

한자음역: 孃양
로마자 표기: ña
한글음: 냐
글자의 의미: 智

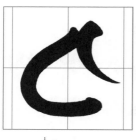

쇠모서　　진언집

한자음역: 吒타
로마자 표기: ṭa
한글음: 따
글자의 의미: 慢

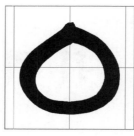

쇠모서　　진언집

한자음역: 陀타
로마자 표기: ṭha
한글음: 타
글자의 의미: 長養

쇠모서　　진언집

한자음역: 拏나
로마자 표기: ḍa
한글음: 다
글자의 의미: 怨敵(怨對)

쇠모서　　진언집

한자음역: 茶다
로마자 표기: ḍha
한글음: 다
글자의 의미: 執持

쇠모서   진언집

한자음역: 拏나
로마자 표기: ṇa
한글음: 나
글자의 의미: 諍

쇠모서   진언집

한자음역: 多다
로마자 표기: ta
한글음: 따
글자의 의미: 如如

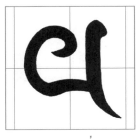

쇠모서   진언집

한자음역: 他타
로마자 표기: tha
한글음: 타
글자의 의미: 住處

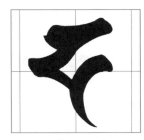

쇠모서   진언집

한자음역: 娜나
로마자 표기: da
한글음: 다
글자의 의미: 施(施輿)

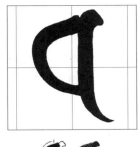

쇠모서   진언집

한자음역: 馱타
로마자 표기: na
한글음: 다
글자의 의미: 法界

쇠모서   진언집

한자음역: 曩낭
로마자 표기: na
한글음: 나
글자의 의미: 名

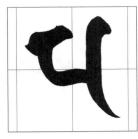

쇠모서   진언집

한자음역: 破파
로마자 표기: pa
한글음: 빠
글자의 의미: 第一義諦

쇠모서   진언집

한자음역: 頗파
로마자 표기: pha
한글음: 파
글자의 의미: 不堅如聚沫

쇠모서　　진언집

한자음역: 麼마
로마자 표기: ba
한글음: 바
글자의 의미: 縛

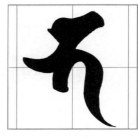

쇠모서　　진언집

한자음역: 婆파
로마자 표기: bha
한글음: 바
글자의 의미: 有

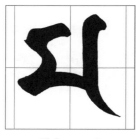

쇠모서　　진언집

한자음역: 莽망
로마자 표기: ma
한글음: 마
글자의 의미: 吾我

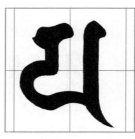

쇠모서　　진언집

한자음역: 野야
로마자 표기: ya
한글음: 야
글자의 의미: 乘

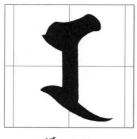

쇠모서　　진언집

한자음역: 囉라
로마자 표기: ra
한글음: 라
글자의 의미: 離諸塵染(塵垢)

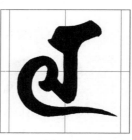

쇠모서　　진언집

한자음역: 邏라
로마자 표기: la
한글음: 라
글자의 의미: 相

쇠모서　　진언집

한자음역: 嚩바
로마자 표기: va
한글음: 바
글자의 의미: 言語道斷(言說)

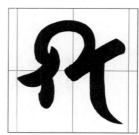

쇠모서　　진언집

한자음역: 捨사
로마자 표기: śa
한글음: 샤
글자의 의미: 本性寂

16

쇠모서　　진언집

한자음역: 灑쇄
로마자 표기: ṣa
한글음: 싸
글자의 의미: 性鈍

쇠모서　　진언집

한자음역: 娑사
로마자 표기: sa
한글음: 사
글자의 의미: 一切諦

쇠모서　　진언집

한자음역: 賀하
로마자 표기: ha
한글음: 하
글자의 의미: 因業

쇠모서　　진언집

한자음역: 濫람
로마자 표기: llaṃ
한글음: 람
글자의 의미: 都除

쇠모서　　진언집

한자음역: 乞灑걸쇄
로마자 표기: kṣa
한글음: 크샤
글자의 의미: 盡

광명진언 (1-5회)

옴		아	모	가		바이	로	차	나

마	하	무	드라		마	니		파	드마

즈바	라		프라	바	를타	야		훔	

옴		아	모	가		바이	로	차	나

마	하	무	드라		마	니		파	드마

즈바	라		프라	바	를타	야		훔	

옴		아	모	가		바이	로	차	나

마	하	무	드라		마	니		파	드마

즈바	라		프라	바	를타	야		훔	

옴		아	모	가	바이	로	차	나

마	하	무	드라		마	니		파	드마

즈바	라		프라	바	를타	야		훔	

옴		아	모	가	바이	로	차	나

마	하	무	드라		마	니		파	드마

즈바	라		프라	바	를타	야		훔	

광명진언 (6-10회)

옴		아	모	가		바이	로	차	나

마	하	무	드라		마	니		파	드마

즈바	라		프라	바	를타	야		훔	

옴		아	모	가		바이	로	차	나

마	하	무	드라		마	니		파	드마

즈바	라		프라	바	를타	야		훔	

옴		아	모	가		바이	로	차	나

마	하	무	드라		마	니		파	드마

즈바	라		프라	바	를타	야		훔	

옴		아	모	가		바이	로	차	나

마	하	무	드라		마	니		파	드마

즈바	라		프라	바	를타	야		훔	

옴		아	모	가		바이	로	차	나

마	하	무	드라		마	니		파	드마

즈바	라		프라	바	를타	야		훔	

광명진언 (10-15회)

옴		아	모	가		바이	로	차	나

마	하	무	드라		마	니		파	드마

즈바	라		프라	바	를타	야		훔	

옴		아	모	가		바이	로	차	나

마	하	무	드라		마	니		파	드마

즈바	라		프라	바	를타	야		훔	

옴		아	모	가		바이	로	차	나

마	하	무	드라		마	니		파	드마

즈바	라		프라	바	를타	야		훔	

옴		아	모	가		바이	로	차	나

마	하	무	드라		마	니		파	드마

즈바	라		프라	바	를타	야		훔	

옴		아	모	가		바이	로	차	나

마	하	무	드라		마	니		파	드마

즈바	라		프라	바	를타	야		훔	

광명진언 (16-20회)

옴		아	모	가		바이	로	차	나

마	하	무	드라		마	니		파	드마

즈바	라		프라	바	를타	야		훔	

옴		아	모	가		바이	로	차	나

마	하	무	드라		마	니	.	파	드마

즈바	라		프라	바	를타	야		훔	

옴		아	모	가		바이	로	차	나

마	하	무	드라		마	니		파	드마
즈바	라		프라	바	릍타	야		훔	

옴		아	모	가		바이	로	차	나

마	하	무	드라		마	니		파	드마
즈바	라		프라	바	릍타	야		훔	

옴		아	모	가		바이	로	차	나

마	하	무	드라		마	니		파	드마
즈바	라		프라	바	릍타	야		훔	

광명진언 (21-25회)

옴		아	모	가		바이	로	차	나

마	하	무	드라		마	니		파	드마

즈바	라		프라	바	를타	야		훔	

옴		아	모	가		바이	로	차	나

마	하	무	드라		마	니		파	드마

즈바	라		프라	바	를타	야		훔	

옴		아	모	가		바이	로	차	나

마	하	무	드라		마	니		파	드마
즈바	라		프라	바	를타	야		훔	
옴		아	모	가		바이	로	차	나
마	하	무	드라		마	니		파	드마
즈바	라		프라	바	를타	야		훔	
옴		아	모	가		바이	로	차	나
마	하	무	드라		마	니		파	드마
즈바	라		프라	바	를타	야		훔	

광명진언 (26-30회)

옴		아	모	가		바이	로	차	나

마	하	무	드라		마	니		파	드마

즈바	라		프라	바	를타	야		훔	

옴		아	모	가		바이	로	차	나

마	하	무	드라		마	니		파	드마

즈바	라		프라	바	를타	야		훔	

옴		아	모	가		바이	로	차	나

마	하	무	드라		마	니		파	드마
즈바	라		프라	바	를타	야		훔	
옴		아	모	가		바이	로	차	나
마	하	무	드라		마	니		파	드마
즈바	라		프라	바	를타	야		훔	
옴		아	모	가		바이	로	차	나
마	하	무	드라		마	니		파	드마
즈바	라		프라	바	를타	야		훔	

광명진언 (31-35회)

옴		아	모	가		바이	로	차	나

마	하	무	드라		마	니		파	드마

즈바	라		프라	바	를타	야		훔	

옴		아	모	가		바이	로	차	나

마	하	무	드라		마	니		파	드마

즈바	라		프라	바	를타	야		훔	

옴		아	모	가		바이	로	차	나

마	하	무	드라		마	니		파	드마

즈바	라		프라	바	를타	야		훔	

옴		아	모	가		바이	로	차	나

마	하	무	드라		마	니		파	드마

즈바	라		프라	바	를타	야		훔	

옴		아	모	가		바이	로	차	나

마	하	무	드라		마	니		파	드마

즈바	라		프라	바	를타	야		훔	

광명진언 (36-40회)

옴		아	모	가		바이	로	차	나

마	하	무	드라		마	니		파	드마

즈바	라		프라	바	를타	야		훔

옴		아	모	가		바이	로	차	나

마	하	무	드라		마	니		파	드마

즈바	라		프라	바	를타	야		훔

옴		아	모	가		바이	로	차	나

마	하	무	드라		마	니		파	드마

즈바	라		프라	바	륻타	야		훔	

옴		아	모	가		바이	로	차	나

마	하	무	드라		마	니		파	드마

즈바	라		프라	바	륻타	야		훔	

옴		아	모	가		바이	로	차	나

마	하	무	드라		마	니		파	드마

즈바	라		프라	바	륻타	야		훔	

광명진언 (41-45회)

옴		아	모	가		바이	로	차	나

마	하	무	드라		마	니		파	드마

즈바	라		프라	바	를타	야		훔	

옴		아	모	가		바이	로	차	나

마	하	무	드라		마	니		파	드마

즈바	라		프라	바	를타	야		훔	

옴		아	모	가		바이	로	차	나

마	하	무	드라		마	니		파	드마

즈바	라		프라	바	를타	야		훔	

옴		아	모	가		바이	로	차	나

마	하	무	드라		마	니		파	드마

즈바	라		프라	바	를타	야		훔	

옴		아	모	가		바이	로	차	나

마	하	무	드라		마	니		파	드마

즈바	라		프라	바	를타	야		훔	

광명진언 (46-50회)

옴		아	모	가		바이	로	차	나

마	하	무	드라		마	니		파	드마

즈바	라		프라	바	릍타	야		훔	

옴		아	모	가		바이	로	차	나

마	하	무	드라		마	니		파	드마

즈바	라		프라	바	릍타	야		훔	

옴		아	모	가		바이	로	차	나

마	하	무	드라		마	니		파	드마

즈바	라		프라	바	를타	야		훔	

옴		아	모	가		바이	로	차	나

마	하	무	드라		마	니		파	드마

즈바	라		프라	바	를타	야		훔	

옴		아	모	가		바이	로	차	나

마	하	무	드라		마	니		파	드마

즈바	라		프라	바	를타	야		훔	

광명진언 (51-55회)

옴		아	모	가		바이	로	차	나

마	하	무	드라		마	니		파	드마

즈바	라		프라	바	릍타	야		훔	

옴		아	모	가		바이	로	차	나

마	하	무	드라		마	니		파	드마

즈바	라		프라	바	릍타	야		훔	

옴		아	모	가		바이	로	차	나

마	하	무	드라		마	니		파	드마

즈바	라		프라	바	를타	야		훔	

옴		아	모	가		바이	로	차	나

마	하	무	드라		마	니		파	드마

즈바	라		프라	바	를타	야		훔	

옴		아	모	가		바이	로	차	나

마	하	무	드라		마	니		파	드마

즈바	라		프라	바	를타	야		훔	

광명진언 (56-60회)

옴		아	모	가		바이	로	차	나

마	하	무	드라		마	니		파	드마

즈바	라		프라	바	릍타	야		훔	

옴		아	모	가		바이	로	차	나

마	하	무	드라		마	니		파	드마

즈바	라		프라	바	릍타	야		훔	

옴		아	모	가		바이	로	차	나

마	하	무	드라		마	니		파	드마		

즈바	라		프라	바	를타	야		훔			

옴		아	모	가		바이	로	차	나		

마	하	무	드라		마	니		파	드마		

즈바	라		프라	바	를타	야		훔			

옴		아	모	가		바이	로	차	나		

마	하	무	드라		마	니		파	드마		

즈바	라		프라	바	를타	야		훔			

광명진언 (61-65회)

옴		아	모	가		바이	로	차	나

마	하	무	드라		마	니		파	드마

즈바	라		프라	바	를타	야		훔	

옴		아	모	가		바이	로	차	나

마	하	무	드라		마	니		파	드마

즈바	라		프라	바	를타	야		훔	

옴		아	모	가		바이	로	차	나

마	하	무	드라		마	니		파	드마

즈바	라		프라	바	를타	야		훔	

옴		아	모	가		바이	로	차	나

마	하	무	드라		마	니		파	드마

즈바	라		프라	바	를타	야		훔	

옴		아	모	가		바이	로	차	나

마	하	무	드라		마	니		파	드마

즈바	라		프라	바	를타	야		훔	

광명진언 (66-70회)

옴		아	모	가		바이	로	차	나

마	하	무	드라		마	니		파	드마

즈바	라		프라	바	를타	야		훔	

옴		아	모	가		바이	로	차	나

마	하	무	드라		마	니		파	드마

즈바	라		프라	바	를타	야		훔	

옴		아	모	가		바이	로	차	나

마	하	무	드라		마	니		파	드마

즈바	라		프라	바	를타	야		훔	

옴		아	모	가		바이	로	차	나

마	하	무	드라		마	니		파	드마

즈바	라		프라	바	를타	야		훔	

옴		아	모	가		바이	로	차	나

마	하	무	드라		마	니		파	드마

즈바	라		프라	바	를타	야		훔	

광명진언 (71-75회)

옴		아	모	가		바이	로	차	나
마	하	무	드라		마	니		파	드마
즈바	라		프라	바	릍타	야		훔	
옴		아	모	가		바이	로	차	나
마	하	무	드라		마	니		파	드마
즈바	라		프라	바	릍타	야		훔	
옴		아	모	가		바이	로	차	나

마	하	무	드라		마	니		파	드마	

즈바	라		프라	바	릍타	야		홈	

옴		아	모	가		바이	로	차	나

마	하	무	드라		마	니		파	드마	

즈바	라		프라	바	릍타	야		홈	

옴		아	모	가		바이	로	차	나

마	하	무	드라		마	니		파	드마	

즈바	라		프라	바	릍타	야		홈	

광명진언 (76-80회)

옴		아	모	가		바이	로	차	나

마	하	무	드라		마	니		파	드마

즈바	라		프라	바	를타	야		훔	

옴		아	모	가		바이	로	차	나

마	하	무	드라		마	니		파	드마

즈바	라		프라	바	를타	야		훔	

옴		아	모	가		바이	로	차	나

마	하	무	드라		마	니	파	드마

즈바	라		프라	바	를타	야	훔

옴		아	모	가	바이	로	차	나

마	하	무	드라		마	니	파	드마

즈바	라		프라	바	를타	야	훔

옴		아	모	가	바이	로	차	나

마	하	무	드라		마	니	파	드마

즈바	라		프라	바	를타	야	훔

광명진언 (81-85회)

옴		아	모	가		바이	로	차	나
마	하	무	드라		마	니		파	드마
즈바	라		프라	바	를타	야		훔	
옴		아	모	가		바이	로	차	나
마	하	무	드라		마	니		파	드마
즈바	라		프라	바	를타	야		훔	
옴		아	모	가		바이	로	차	나

마	하	무	드라		마	니		파	드마

즈바	라		프라	바	를타	야		훔	

옴		아	모	가		바이	로	차	나

마	하	무	드라		마	니		파	드마

즈바	라		프라	바	를타	야		훔	

옴		아	모	가		바이	로	차	나

마	하	무	드라		마	니		파	드마

즈바	라		프라	바	를타	야		훔	

광명진언 (86-90회)

옴		아	모	가		바이	로	차	나

마	하	무	드라		마	니		파	드마

즈바	라		프라	바	를타	야		훔	

옴		아	모	가		바이	로	차	나

마	하	무	드라		마	니		파	드마

즈바	라		프라	바	를타	야		훔	

옴		아	모	가		바이	로	차	나

마	하	무	드라		마	니		파	드마

즈바	라		프라	바	를타	야		훔

옴		아	모	가	바이	로	차	나

마	하	무	드라		마	니		파	드마

즈바	라		프라	바	를타	야		훔

옴		아	모	가	바이	로	차	나

마	하	무	드라		마	니		파	드마

즈바	라		프라	바	를타	야		훔

광명진언 (91-95회)

옴		아	모	가		바이	로	차	나

마	하	무	드라		마	니		파	드마

즈바	라		프라	바	를타	야		훔	

옴		아	모	가		바이	로	차	나

마	하	무	드라		마	니		파	드마

즈바	라		프라	바	를타	야		훔	

옴		아	모	가		바이	로	차	나

마	하	무	드라		마	니		파	드마

즈바	라		프라	바	를타	야		홈	

옴		아	모	가		바이	로	차	나

마	하	무	드라		마	니		파	드마

즈바	라		프라	바	를타	야		홈	

옴		아	모	가		바이	로	차	나

마	하	무	드라		마	니		파	드마

즈바	라		프라	바	를타	야		홈	

광명진언 (96-100회)

옴		아	모	가		바이	로	차	나

마	하	무	드라		마	니		파	드마

즈바	라		프라	바	를타	야		훔	

옴		아	모	가		바이	로	차	나

마	하	무	드라		마	니		파	드마

즈바	라		프라	바	를타	야		훔	

옴		아	모	가		바이	로	차	나

마	하	무	드라		마	니		파	드마

즈바	라		프라	바	를타	야		훔	

옴		아	모	가		바이	로	차	나

마	하	무	드라		마	니		파	드마

즈바	라		프라	바	를타	야		훔	

옴		아	모	가		바이	로	차	나

마	하	무	드라		마	니		파	드마

즈바	라		프라	바	를타	야		훔	

광명진언 (101-105회)

옴		아	모	가		바이	로	차	나

마	하	무	드라		마	니		파	드마

즈바	라		프라	바	를타	야		훔	

옴		아	모	가		바이	로	차	나

마	하	무	드라		마	니		파	드마

즈바	라		프라	바	를타	야		훔	

옴		아	모	가		바이	로	차	나

마	하	무	드라		마	니		파	드마

즈바	라		프라	바	를타	야		훔	

옴		아	모	가		바이	로	차	나

마	하	무	드라		마	니		파	드마

즈바	라		프라	바	를타	야		훔	

옴		아	모	가		바이	로	차	나

마	하	무	드라		마	니		파	드마

즈바	라		프라	바	를타	야		훔	

광명진언 (106-110회)

옴		아	모	가		바이	로	차	나
마	하	무	드라		마	니		파	드마
즈바	라		프라	바	를타	야		훔	
옴		아	모	가		바이	로	차	나
마	하	무	드라		마	니		파	드마
즈바	라		프라	바	를타	야		훔	
옴		아	모	가		바이	로	차	나

마	하	무	드라		마	니		파	드마

즈바	라		프라	바	를타	야		훔

옴		아	모	가		바이	로	차	나

마	하	무	드라		마	니		파	드마

즈바	라		프라	바	를타	야		훔

옴		아	모	가		바이	로	차	나

마	하	무	드라		마	니		파	드마

즈바	라		프라	바	를타	야		훔

광명진언 (111-115회)

옴		아	모	가		바이	로	차	나

마	하	무	드라		마	니		파	드마

즈바	라		프라	바	를타	야		훔	

옴		아	모	가		바이	로	차	나

마	하	무	드라		마	니		파	드마

즈바	라		프라	바	를타	야		훔	

옴		아	모	가		바이	로	차	나

마	하	무	드라		마	니		파	드마

즈바	라		프라	바	릍타	야		훔	

옴		아	모	가		바이	로	차	나

마	하	무	드라		마	니		파	드마

즈바	라		프라	바	릍타	야		훔	

옴		아	모	가		바이	로	차	나

마	하	무	드라		마	니		파	드마

즈바	라		프라	바	릍타	야		훔	

광명진언 (116-120회)

옴		아	모	가		바이	로	차	나

마	하	무	드라		마	니		파	드마

즈바	라		프라	바	릍타	야		훔	

옴		아	모	가		바이	로	차	나

마	하	무	드라		마	니		파	드마

즈바	라		프라	바	릍타	야		훔	

옴		아	모	가		바이	로	차	나

마	하	무	드라		마	니		파	드마

즈바	라		프라	바	를타	야		훔	

옴		아	모	가		바이	로	차	나

마	하	무	드라		마	니		파	드마

즈바	라		프라	바	를타	야		훔	

옴		아	모	가		바이	로	차	나

마	하	무	드라		마	니		파	드마

즈바	라		프라	바	를타	야		훔	

광명진언 (121-125회)

옴		아	모	가		바이	로	차	나
마	하	무	드라		마	니		파	드마
즈바	라		프라	바	를타	야		훔	
옴		아	모	가		바이	로	차	나
마	하	무	드라		마	니		파	드마
즈바	라		프라	바	를타	야		훔	
옴		아	모	가		바이	로	차	나

마	하	무	드라		마	니		파	드마

즈바	라		프라	바	를타	야		훔	

옴		아	모	가		바이	로	차	나

마	하	무	드라		마	니		파	드마

즈바	라		프라	바	를타	야		훔	

옴		아	모	가		바이	로	차	나

마	하	무	드라		마	니		파	드마

즈바	라		프라	바	를타	야		훔	

광명진언 (126-130회)

옴		아	모	가		바이	로	차	나

마	하	무	드라		마	니		파	드마

즈바	라		프라	바	를타	야		훔	

옴		아	모	가		바이	로	차	나

마	하	무	드라		마	니		파	드마

즈바	라		프라	바	를타	야		훔	

옴		아	모	가		바이	로	차	나

마	하	무	드라		마	니		파	드마

즈바	라		프라	바	를타	야			훔

옴		아	모	가		바이	로	차	나

마	하	무	드라		마	니		파	드마

즈바	라		프라	바	를타	야			훔

옴		아	모	가		바이	로	차	나

마	하	무	드라		마	니		파	드마

즈바	라		프라	바	를타	야			훔

광명진언 (131-135회)

옴		아	모	가		바이	로	차	나

마	하	무	드라		마	니		파	드마

즈바	라		프라	바	를타	야		훔	

옴		아	모	가		바이	로	차	나

마	하	무	드라		마	니		파	드마

즈바	라		프라	바	를타	야		훔	

옴		아	모	가		바이	로	차	나

마	하	무	드라		마	니		파	드마

즈바	라		프라	바	릍타	야		훔	

옴		아	모	가		바이	로	차	나

마	하	무	드라		마	니		파	드마

즈바	라		프라	바	릍타	야		훔	

옴		아	모	가		바이	로	차	나

마	하	무	드라		마	니		파	드마

즈바	라		프라	바	릍타	야		훔	

광명진언 (136-140회)

옴		아	모	가		바이	로	차	나

마	하	무	드라		마	니		파	드마

즈바	라		프라	바	릍타	야		훔	

옴		아	모	가		바이	로	차	나

마	하	무	드라		마	니		파	드마

즈바	라		프라	바	릍타	야		훔	

옴		아	모	가		바이	로	차	나

마	하	무	드라		마	니		파	드마

즈바	라		프라	바	를타	야		훔	

옴		아	모	가		바이	로	차	나

마	하	무	드라		마	니		파	드마

즈바	라		프라	바	를타	야		훔	

옴		아	모	가		바이	로	차	나

마	하	무	드라		마	니		파	드마

즈바	라		프라	바	를타	야		훔	

광명진언 (141-145회)

옴		아	모	가		바이	로	차	나

마	하	무	드라		마	니		파	드마

즈바	라		프라	바	를타	야		훔	

옴		아	모	가		바이	로	차	나

마	하	무	드라		마	니		파	드마

즈바	라		프라	바	를타	야		훔	

옴		아	모	가		바이	로	차	나

마	하	무	드라		마	니		파	드마

즈바	라		프라	바	를타	야		훔	

옴		아	모	가		바이	로	차	나

마	하	무	드라		마	니		파	드마

즈바	라		프라	바	를타	야		훔	

옴		아	모	가		바이	로	차	나

마	하	무	드라		마	니		파	드마

즈바	라		프라	바	를타	야		훔	

광명진언 (146-150회)

옴		아	모	가		바이	로	차	나
마	하	무	드라		마	니		파	드마
즈바	라		프라	바	릍타	야		훔	
옴		아	모	가		바이	로	차	나
마	하	무	드라		마	니		파	드마
즈바	라		프라	바	릍타	야		훔	
옴		아	모	가		바이	로	차	나

마	하	무	드라		마	니		파	드마

즈바	라		프라	바	를타	야		훔	

옴		아	모	가		바이	로	차	나

마	하	무	드라		마	니		파	드마

즈바	라		프라	바	를타	야		훔	

옴		아	모	가		바이	로	차	나

마	하	무	드라		마	니		파	드마

즈바	라		프라	바	를타	야		훔	

광명진언 (151-155회)

옴		아	모	가		바이	로	차	나

마	하	무	드라		마	니		파	드마

즈바	라		프라	바	를타	야		훔	

옴		아	모	가		바이	로	차	나

마	하	무	드라		마	니		파	드마

즈바	라		프라	바	를타	야		훔	

옴		아	모	가		바이	로	차	나

마	하	무	드라		마	니		파	드마

즈바	라		프라	바	를타	야			훔

옴		아	모	가		바이	로	차	나

마	하	무	드라		마	니		파	드마

즈바	라		프라	바	를타	야			훔

옴		아	모	가		바이	로	차	나

마	하	무	드라		마	니		파	드마

즈바	라		프라	바	를타	야			훔

광명진언 (156-160회)

옴		아	모	가		바이	로	차	나

마	하	무	드라		마	니		파	드마

즈바	라		프라	바	를타	야		훔	

옴		아	모	가		바이	로	차	나

마	하	무	드라		마	니		파	드마

즈바	라		프라	바	를타	야		훔	

옴		아	모	가		바이	로	차	나

마	하	무	드라		마	니		파	드마

즈바	라		프라	바	를타	야		훔

옴		아	모	가		바이	로	차	나

마	하	무	드라		마	니		파	드마

즈바	라		프라	바	를타	야		훔

옴		아	모	가		바이	로	차	나

마	하	무	드라		마	니		파	드마

즈바	라		프라	바	를타	야		훔

광명진언 (161-165회)

옴		아	모	가		바이	로	차	나

마	하	무	드라		마	니		파	드마

즈바	라		프라	바	를타	야		훔	

옴		아	모	가		바이	로	차	나

마	하	무	드라		마	니		파	드마

즈바	라		프라	바	를타	야		훔	

옴		아	모	가		바이	로	차	나

마	하	무	드라		마	니		파	드마

즈바	라		프라	바	를타	야		훔	

옴		아	모	가		바이	로	차	나

마	하	무	드라		마	니		파	드마

즈바	라		프라	바	를타	야		훔	

옴		아	모	가		바이	로	차	나

마	하	무	드라		마	니		파	드마

즈바	라		프라	바	를타	야		훔	

광명진언 (166-170회)

옴		아	모	가		바이	로	차	나
마	하	무	드라		마	니		파	드마
즈바	라		프라	바	를타	야		훔	
옴		아	모	가		바이	로	차	나
마	하	무	드라		마	니		파	드마
즈바	라		프라	바	를타	야		훔	
옴		아	모	가		바이	로	차	나

마	하	무	드라		마	니		파	드마

즈바	라		프라	바	를타	야		홈	

옴		아	모	가		바이	로	차	나

마	하	무	드라		마	니		파	드마

즈바	라		프라	바	를타	야		홈	

옴		아	모	가		바이	로	차	나

마	하	무	드라		마	니		파	드마

즈바	라		프라	바	를타	야		홈	

광명진언 (171-175회)

| 옴 | | 아 | 모 | 가 | | 바이 | 로 | 차 | 나 |

| 마 | 하 | 무 | 드라 | | 마 | 니 | | 파 | 드마 |

| 즈바 | 라 | | 프라 | 바 | 를타 | 야 | | 훔 |

| 옴 | | 아 | 모 | 가 | | 바이 | 로 | 차 | 나 |

| 마 | 하 | 무 | 드라 | | 마 | 니 | | 파 | 드마 |

| 즈바 | 라 | | 프라 | 바 | 를타 | 야 | | 훔 |

| 옴 | | 아 | 모 | 가 | | 바이 | 로 | 차 | 나 |

마	하	무	드라		마	니		파	드마

즈바	라		프라	바	를타	야		훔	

옴		아	모	가		바이	로	차	나

마	하	무	드라		마	니		파	드마

즈바	라		프라	바	를타	야		훔	

옴		아	모	가		바이	로	차	나

마	하	무	드라		마	니		파	드마

즈바	라		프라	바	를타	야		훔	

도봉道棒 법헌法憲

1944년에 태어나, 순천 선암사에서 득도하였다.

연세대 산업대학원, 동국대 박물관대학원, 한국불교태고종 중앙강원을 수료하였다.

실담범자 진언·다라니 연구회를 설립(2010년)하였으며, 8차례에 걸쳐 실담범자 서화 전시회(2012~19년) 및 국회초청 의원회관 개인전(2014년)을 열었다.

현재 안산 법륜사에 주석하면서 집필 및 실담자 사경 지도를 하고 있으며, 『태장만다라』, 『신묘장구대다라니 범어 실담자 사경』, 『광명진언 범어 실담자 사경』, 『실담범자 반야심경』 등을 펴냈다.

범어 실담자 사경 2

광명진언 범어 실담자 사경

초판 1쇄 발행 2020년 10월 5일 | **초판 2쇄 발행** 2024년 4월 16일
지은이 법헌 | 펴낸이 김시열
펴낸곳 도서출판 운주사

　　　　(02832) 서울시 성북구 동소문로 67-1번지 성심빌딩 3층

　　　　전화 (02) 926-8361 | 팩스 (0505) 115-8361

ISBN 978-89-5746-620-9 03220　값 9,000원